Andalusien

lieben lernen

Der perfekte Reiseführer für einen unvergesslichen Aufenthalt in Andalusien inkl. Insider-Tipps, Tipps zum Geldsparen und Packliste

Alina Behrendt

Alle Ratschläge in diesem Buch wurden sorgfältig erwogen und geprüft. Eine Garantie kann dennoch nicht übernommen werden. Eine Haftung für jegliche Personen-, Sach- und Vermögensschäden ist daher ausgeschlossen. Die Benutzung dieses Buches und die Umsetzung der darin enthaltenen Informationen erfolgt ausdrücklich auf eigenes Risiko.

✈ INHALT

Das erwartet Sie in diesem Buch

Hallo, oder auch, wie es auf Spanisch heißt, Hola! Sie haben mal wieder Lust zu verreisen, wissen aber nicht genau, wohin? Lassen Sie sich von diesem Buch inspirieren und zum wunderschönen Reiseziel Andalusien verführen.

Dieses Buch verschafft einen Überblick über Traditionen, Bräuche, Bevölkerung und das Leben in Andalusien. Anschließend werden die von mir persönlich favorisierten Provinzhauptstädte Sevilla, Granada, Jaén und Córdoba vorgestellt. Ich gebe Hoteltipps, Ausflugsmöglichkeiten, Restaurantempfehlungen und vieles mehr. Zum Schluss werden Aktivitäten und Möglichkeiten für Sparfüchse vorgestellt.

Wissenswertes über Andalusien

Andalusien oder die „Perle Südspaniens", wie es auch oft genannt wird, liegt im Südwesten von Spanien. Begrenzt wird die Region vom Mittelmeer, dem Atlantischen Ozean sowie Portugal. Andalusien ist die südlichste autonome Region in Spanien und wird in acht Provinzen eingeteilt. Die Provinzen heißen wie die jeweilige Provinzhauptstadt. Diese lauten:

- Sevilla: die größte andalusische Provinz. Ihre Provinzhauptstadt Sevilla ist gleichzeitig auch die Hauptstadt Andalusiens. Die Stadt Sevilla liegt nicht am Meer, allerdings fließt der Guadalquivir hier entlang. Das Umland repräsentiert sich durch Sonnenblumenfelder sowie Weizenfelder. Ein wundervoller Anblick, nicht nur während der Sonnenblumenzeit.

- Granada: sie liegt im Osten Andalusiens. Hier befindet sich das größte Skigebiet in Spanien: Der Nationalpark Sierra Nevada – ein Muss für alle Skibegeisterten. In der Provinz Granada lassen sich sowohl Berge mit Schnee als auch das Meer in den Küstenregionen vereinen. Einfach traumhaft schön!

- Jaén: Die Provinz Jaén liegt im Nordosten Andalusiens. Hier dominieren Olivenhaine die Landschaft. Dennoch hat Jaén mehr zu bieten als „nur" Olivenbäume. Es gibt vier Naturparks, die eine atemberaubende und abwechslungsreiche Landschaft bieten. Auch die Stadt Jáen ist mit ihrem vielen romantischen Brunnen, der Kathedrale, der Festung Santa Catalina und viele weitere Highlights absolut empfehlenswert. Ein absoluter Geheimtipp für alle, die etwas Ruhe genießen wollen.

• Huelva: Die Provinz Huelva liegt im äußersten Westen. An der Grenze zu Portugal ist man hier innerhalb kurzer Zeit. Achtung: Direkt in der Stadt Huelva gibt es keinen Strand! Strände sind allerdings durch Busse erreichbar, sodass ich es dennoch empfehlen kann, in Huelva für 1-2 Nächte direkt zu übernachten, da die Stadt sehenswert ist.

• Cádiz: Die Provinz Cádiz liegt im Südwesten Andalusiens. In der Stadt Cádiz gibt es einen Sandstrand, der durch Touristen als auch Einheimische genutzt wird. Aber nicht nur die Stadt kann Strandfeeling bieten. Die Costa de la Luz ist hier beheimatet und bietet feinste Sandstrände, die teilweise nahezu menschenleer sind. Man kann von der Provinz Cádiz die Küste Afrikas bestaunen und fantastische Sonnenuntergänge miterleben.

• Córdoba: Die Provinz Córdoba liegt im Norden von Andalusien. Getreide, Weinreben und Olivenbäume zeichnen die Landschaft dieser Provinz. Die Stadt Córdoba begeistert mit ihrer Kultur, Geschichte und der romantischen Altstadt. Sie lädt zum Besichtigen, Verweilen und einfach zum Genießen der Zeit ein.

• Almería: Im Süden grenzt die Provinz Almería an

das Mittelmeer. Hier gibt es viele Strände. Die Stadt Almería ist eine Hafenstadt. Durch weiße Häuser, schmale Gassen und Palmenalleen erinnert die Hafenstadt an nordafrikanische Städte. Die Besichtigung der Kathedrale sowie der Festung von Almería sollte auf keiner Reiseplanung fehlen.

• Málaga: Im Süden Andalusiens liegt die Provinz Málaga. Die Costa del Sol und die Stadt Málaga sind Touristenhochburgen und locken Urlauber aus aller Welt. Weiterhin gibt es beliebte Städte, die gerne von Touristen besucht werden, wie z.B. Marbella und Ronda. Auch für Wanderer*innen bleiben keine Wünsche unerfüllt. Die Naturparks in der Provinz Málaga bieten eine vielversprechende Umgebung.

FLAMENCO

Andalusien ist bekannt für seine Flamencotradition. Flamenco ist nicht nur das Zusammenspiel von Gesang, Tanz und Gitarre. Vielmehr handelt es sich dabei um ein Lebensgefühl und Lebensstil.

Ursprünglich drückte nur der etwas spezielle, leidenschaftliche und auch schmerzvolle Gesang Gefühle, Wut, Leid und ähnliches aus. Später wurden die Sänger*innen auch von Tanz und Gitarre begleitet. Der Gesang spielt aber immer noch eine tragende Rolle. Der Flamenco wurde 2010 zum immateriellen Kulturerbe durch die UNESCO ernannt.

SO ISST UND TRINKT MAN IN ANDALUSIEN

Es wird typischerweise 4-5 Mal am Tag gegessen. Das Frühstück ist eher minimalistisch. Typischerweise isst man ein Toast oder ein kleines süßes Gepäck mit Kaffee. Das zweite Frühstück ist gegen 11 mittags.

Meist essen die Einheimischen dann eine herzhafte Köstlichkeit für den kleinen Hunger zwischendurch. Zwischen 14 Uhr und 16.30 Uhr gibt es in den meisten Restaurants Mittagsmenüs. Hier gibt es Vorspeise, Hauptgericht und ein leckeres Dessert zum gelungenen Abschluss. Zu Abend isst man in Andalusien, wie es in Spanien üblich ist, erst ab 21 Uhr. Beachten Sie: Viele Restaurants auch in größeren Städten haben bis 20 bzw. 21 Uhr geschlossen.

Als ich bei meiner ersten Reise mit meinem Sohn in Córdoba ankam, waren wir beide sehr hungrig. Leider war es noch zu früh und die Restaurants, die schon offen hatten, waren voll. Letzten Endes mussten wir uns damit begnügen, uns eine

Kleinigkeit von einer Imbissbude zu holen. Abends speist man in Spanien eigentlich eher wie ein Kaiser und nicht wie ein Bettler. Speisen Sie im Restaurant, ist es meist üblich, dass Sie als Vorspeise Oliven teilweise mit Brot bekommen.

Nachdem im letzten Abschnitt schon über Essentraditionen berichtet wurde, bleibe ich beim Thema Essen und Trinken. Andalusien ist bekannt für Sherry. Es gibt dort viele Sherry Bodegas, die unterschiedliche Sorten anbieten, unter anderem ist z.B. Tío Pepe (Tío heißt auf Deutsch Onkel) weltweit bekannt. Viele Touristen besuchen zahlreiche Sherry Bodegas auf ihrer Reise durch Andalusien. Manzanilla, ein trockener, gespriteter Weißwein, der im Sanlúcar de Barrameda gekeltert wird, sollte probiert werden. Auch der Wein ist altbekannt und sollte gekostet werden. Wie es in Spanien üblich ist, isst man auch in Andalusien Tapas. Die Vielfalt ist groß, sodass jede*r das Gewünschte bestellen kann. Kleiner Tipp: in den meisten Restaurants gibt es (zumindest in den beliebten Urlaubsstädten) die Speisekarten auch in Englisch und oftmals sogar in Deutsch.

Ebenfalls sollte das köstliche Olivenöl probiert werden. In der klassischen andalusischen Küche spielen Kräuter eine wichtige Rolle. Minze,

Koriander, Petersilie, Zimt und viele weitere werden verwendet. Es gibt auch einige verschiedene Eintöpfe mit Gemüse, Fleisch, aber auch Fisch. Unbedingt zu empfehlen sind auch die Churros. Diese werden in Öl in einer Pfanne frittiert.

Man bestellt sie zusammen mit einer Tasse warmer Schokolade, um sie darin einzutauchen. Es gibt sie aber auch mit Zimt, Schokolade oder gefüllt. Weitere süße Teilchen, die man unbedingt genießen sollte: Mantecados (Mandelgepäck), Turrón (Mandelnougat), Piononos de Santa Fe (Kleine Küchlein). Wer eher Lust auf eine herzhafte Kleinigkeit hat, sollte Bocadillos ausprobieren. Das ist belegtes Stangenbrot mit Serranoschinken und Manchego-Käse. Es gibt sie aber natürlich auch mit anderen Zutaten.

SO TICKEN DIE MENSCHEN IN ANDALUSIEN

Die Vielzahl der Menschen in Andalusien ist sehr aufgeschlossen und offen. Ich hatte nie Probleme, in Kontakt zu treten. Teilweise habe ich nach verschiedenen Sehenswürdigkeiten gefragt und anstatt mir den Weg zu beschreiben, hat man mich sogar zweimal direkt hingeführt und mir, während wir gelaufen sind, einiges über die Stadt erzählt. Ich habe das super gefunden.

Auch in Restaurants habe ich mich teilweise gut mit Einheimischen unterhalten können. Mir ist aufgefallen, dass der Service in Restaurants und Bars sehr gut beim Bestellen ist. Beim Bezahlen sitzt man teilweise sehr lang da, bis ein Kellner zum Abkassieren kommt. Teilweise bin ich nochmals hin und habe direkt bezahlt, da ich weitergehen wollte.

Ein nicht so schönes Erlebnis gab es allerdings: Ich wollte am Strand im Restaurant etwas bestellen, es war nicht sehr viel los und es müssen mich Kellner gesehen haben. Vermutlich lag es an der Tatsache, dass ich meine Kamera auf dem Tisch gelegt habe und man deshalb gesehen hatte, dass ich Touristin bin. Ich wurde leider anscheinend ignoriert. Nachdem ich längere Zeit gewartet habe und auch mit unterschiedlichen Bedienungen Kontakt aufgenommen hatte, diese aber nicht meine Bestellung aufgenommen haben, bin ich schlussendlich gegangen. Abgesehen von dieser Situation habe ich mich in Andalusien als Touristin immer wohl und sicher gefühlt.

Es gibt sehr viele Outdoor-Sportanlagen. Oftmals besteht die Möglichkeit, Ergometer zu fahren, Crosstrainer zu nutzen und an Kraftgeräten zu trainieren. Mit Sportkleidung raus und einfach loslaufen, um ein bisschen zu sporteln, das kann richtig Spaß machen. Auch hier merkte ich die offene und freundliche Art der Andalusier*innen. Ich habe mich sehr gewundert, dass die Outdoor-Anlagen von vielen Menschen unterschiedlicher Altersklassen genutzt werden. In Deutschland dagegen ist das noch nicht so der Fall, auch wenn es aktuell auch schon die einen oder anderen Outdoor-Anlagen gibt.

Je nachdem, wo in Andalusien man reist, kann es allerdings zu Verständigungsproblemen kommen. Einige Leute sprechen nicht viel Englisch. Wenn man ein wenig Spanisch versteht, ist es sicher gut. Dennoch kann es auch hier sein, dass man ein paar Mal nachfragen muss, da der Dialekt ziemlich ungewohnt ist. In Huelva und Córdoba habe ich mir am Schwersten getan, da ich mich ziemlich konzentrieren musste, überhaupt etwas zu verstehen. Selbst, wenn mein Gegenüber Englisch konnte.

DIE BESTE REISEZEIT

Das Klima ist in der Regel sehr mild und man kann ganzjährig Sonnenstunden genießen. Es variiert jedoch etwas zwischen Küstenregionen und dem Landesinneren. Die Reisezeit sollte immer auf die Aktivität angepasst werden.

Bevorzugt man einen Bade- oder Wassersporturlaub, ist der empfehlenswerte Reisezeitraum Juni bis August. Für Städtereisen bzw. Wanderurlaube sollte man hingegen auf Frühjahr oder Herbst ausweichen, da es im Juli und August oftmals sehr heiß werden kann. Aus eigener Erfahrung kann ich berichten, dass es wenig Sinn hat, Mitte August in Sevilla sich die Stadt anzuschauen.

Es ist einfach viel zu heiß, oftmals bis zu 40° C. In der Mittagszeit ist es deshalb Tradition, eine „Siesta" zu halten. Diese habe ich sozusagen genutzt und anstatt mir Sevilla anzuschauen, habe ich nur den Roof-Top-Pool im Hostel genutzt. Zum Glück hatte ich Sevilla schon bei meiner Rundreise im Frühjahr kennengelernt und so konnte ich ohne Reue die Zeit im Pool genießen. Abends wurde es dann temperaturmäßig angenehm und so konnte ich mich zumindest zur Flamencoshow aufraffen.

FEIERTAGE UND FESTE UND IHRE BRÄUCHE IN ANDALUSIEN

Folgende Feiertage und Feste werden in ganz Andalusien gefeiert. Weitere Feiertage und Feste der einzelnen Provinzen werden unter der Vorstellung der Provinzhauptstädte aufgelistet.

1. Januar: Neujahr (Feiertag)

5. Januar: Durch die spanischen Dörfer ziehen die Weisen aus dem Morgenland. Vielerorts gibt es Krippenaufführungen. Am Abend stellen die Kinder Schuhe, Wasser und Stroh vor die Türe. Diese sind für die Heiligen Drei Könige und ihre Kamele gedacht.

6. Januar: Heilige Drei Könige (Feiertag): An diesem Tag werden die Weihnachtsgeschenke verteilt. Je nachdem, wo in Andalusien man sich befindet, unterscheiden sich die Festlichkeiten am Dreikönigstag.

28. Februar (Feiertag): Feiertag der autonomen Region Andalusien. Dieser Tag wird gefeiert, da Andalusien am 28.Februar 1980 den Status einer

autonomen Region erlangt hat. Grün-weiße Fahnen werden in den Straßen aufgehängt. Das sind die Farben Andalusiens. In vielen Städten wird gefeiert.

Semana Santa: Überall in Spanien finden in der Karwoche Prozessionen statt. Besonders in Andalusien wird diese Woche mit besonderem Enthusiasmus gelebt. Viele Menschen nehmen am Fest aktiv teil, obwohl sie nicht unbedingt religiös sind. Traditionen sind der andalusischen Bevölkerung wichtig. Überall in Andalusien, selbst in den Dörfern, wird die Semana Santa gefeiert.

Zu den bekanntesten Prozessionen (aber auch sehr überfüllten) gehören die Umzüge in Sevilla, Granada und Málaga. Achtung: Am Gründonnerstag haben die meisten Geschäfte in Andalusien geschlossen. Als ich am Gründonnerstag in Málaga angekommen bin, wollte ich einkaufen und stellte fest, dass die Supermärkte geschlossen hatten. Zum Glück gab es kleine Läden, die geöffnet waren und zumindest ein kleine Lebensmittelauswahl hatten. So konnte ich zumindest eine Tiefkühlpizza holen☺. Gründonnerstag und Karfreitag sind Feiertage.

1. Mai (Feiertag): Tag der Arbeit: Dieser Tag wird für Demonstrationen genutzt.

Fronleichnam: Feierlich wird die Monstranz bei einer Prozession mit Tanz, Musik und Gebet durch die Straßen getragen. Am zweiten Tag gibt es einen Wettbewerb. Die beste Peitsche, die aus Zyperngras geflochten wird, wird von einer Jury gekürt. Abends gibt es Feste und Konzerte. Einige Städte und Dörfer haben weitere Traditionen.

25. Juli (Feiertag): Santiago Apóstol

15. August (Feiertag): Mariä Himmelfahrt

12. Oktober (Feiertag): Tag der Entdeckung Amerikas

1. November (Feiertag): Allerheiligen

6. Dezember (Feiertag): Tag der Verfassung

8. Dezember (Feiertag): Tag der unbefleckten Empfängnis

25. Dezember (Feiertag): Weihachten

31. Dezember: Silvester: Das Feuerwerk fällt in Andalusien oft kleiner als in Deutschland aus, da hohe

Auflagen erfüllt werden müssen. Dafür gibt es andere Bräuche. An Silvester wird rote Unterwäsche getragen. Das soll Glück und Fruchtbarkeit bringen. Es ist nicht bekannt, woher dieser Brauch stammt.

Vermutlich geht der Brauch zurück auf die chinesische Farbenlehre. Rot steht für Wärme, Ruhm und Kraft. Die Unterwäsche muss ein Geschenk gewesen sein und man muss sie zum ersten Mal tragen. Im Takt der zwölf Glockenschläge sollen zwölf Weintrauben gegessen werden. Glück, Reichtum und Zufriedenheit winken demjenigen, der alle Weintrauben im Takt aufgegessen hat. Wenn die Weintrauben gegessen wurden, wird angestoßen.

Ein goldener Ring wird in das Sektglas um Mitternacht geworfen. Mit diesem Glas wird dann angestoßen und daraus getrunken. Das soll Glück bringen.

Um zu prüfen, wann welche Events und Veranstaltungen stattfinden, können Sie sich auf der Webseite https://de.fiestas.net/ nachschauen. Direkt unter dem Reiter Andalusien können Sie unter den verschiedenen Provinzen nachlesen, was für Sie interessant ist.

Nachdem Sie nun Einiges über Andalusien erfahren haben, werden Sie nachfolgend Tipps und Informationen über die Provinzhauptstädte bekommen.

Sevilla

Viele, die Sevilla besuchen, sind begeistert und lieben diese Stadt. Mir geht es genauso. Die Atmosphäre, die Sehenswürdigkeiten, zahlreiche Parks und die Möglichkeiten in Sevilla und auch in der Umgebung von Sevilla machen die Stadt zum Highlight.

Es gibt in Sevilla viel zu sehen, deshalb sollten Sie sich vorher informieren, was Sie besichtigen möchten, da Sie teilweise mit langen Anstehzeiten vor der Kathedrale, dem Alcazar oder anderen Sehenswürdigkeiten rechnen müssen. Möchten Sie nur für zwei oder drei Nächte in Sevilla bleiben, bietet es sich auch an, über verschiedene Webseiten wie z.B. Getyourguide bereits im Voraus ein Ticket zu kaufen, sodass man bevorzugten Einlass erhält. Um über aktuelle Veranstaltungen Bescheid zu wissen, sollte man sich an der Touristeninformation die kostenlose Zeitschrift „El Giraldillo" holen.

FEIERTAGE UND FESTE IN SEVILLA

Natürlich gibt es noch zahlreiche weitere Feste und Veranstaltungen, die Sie in Sevilla besuchen können. Nachfolgend soll ein kurzer Überblick über die wichtigsten Feierlichkeiten gegeben werden.

Das Aprilfest (Feria de Abril) ist eines der beliebtesten Volksfeste in Spanien. Eine Woche lang wird im Viertel Los Remedios gefeiert. Es gibt Fahrgeschäfte und Festbuden. Frauen erscheinen in Flamencokleidern und Männer tragen einen kurzen Anzug mit passendem Hut. Es gibt zahlreiche Stierkämpfe, ein geschmücktes Festgelände und viele Attraktionen. Ein Highlight ist das Abschlussfeuerwerk am Sonntag.

Am 30. Mai (Feiertag) wird das San Fernando Patronatsfest zelebriert. Das Fest hat einen religiösen, zivilen und militärischen Charakter. Im Inneren der Kathedrale liegt die Urne mit dem Körper von San

Fernando während der Feierlichkeit offen. Der Erz-
bischof von Sevilla hält eine Messe und eine Chor-
messe wird gefeiert.

Fronleichnam (Feiertag) ist das älteste Fest in
Sevilla. Schaufenster werden geschmückt und auf
den Straßen sind Altare aufgestellt. Heilige, die eine
Bedeutung für Sevilla haben, und die drei Meter
hohe Silbermonstranz von Arfe werden bei der Prozession durch die Straßen getragen. Der „Tanz der
sechs" findet in der Kathedrale statt. In historischen
Kostümen tanzen vier bis zehn Kinder traditionelle
Tänze.

Ab Juni/Juli bis September finden die Nächte in den
Gärten des Real Alcazar statt. Die beliebte Konzert-
reihe findet in einer romantischen Atmosphäre statt.
Tickets kosten 5 € und sind an der Abendkasse und
online erhältlich. Besucher*innen können sich in
dieser Zeit auf über dreißig Konzerte freuen.

Am 25. Juli findet Velá de Santiago y Santa Ana statt:
Santa Ana ist die Patronin von Triana, deshalb wird
das Fest dort vor allem am Flussufer gefeiert. Jeden
Abend zeigen Tänzer und Sänger ihr Können. Es finden zahlreiche Wettbewerbe statt. Geschmückte

Festbuden verkaufen kulinarische Köstlichkeiten. Ausstellung und Veranstaltungen finden parallel zur Velá statt.

Am 15. August feiert man das Virgen de los Reyes Patronatsfest: Um 4.30 geht eine Frühmesse in der Kathedrale los. Um ca. 8 Uhr startet die Prozession mit dem Bildnis der Patronin der Stadt. Gleichzeitig ist der Feiertag Mariä Himmelfahrt.

Im September wird die Bienal de Flamenco ausgelassen gefeiert. Dieses Fest findet nur alle zwei Jahre statt. Einen Monat lang treten die besten Flamencokünstler auf und zeigen ihr Können.

Am 13.Dezember wird Santa Lucía geehrt. Viele Sevillaner besuchen die Figur Santa Lucía, die in der Kirche Santa Catalina steht.

HOTELS

- Hotel Europa: das Hotel liegt in der Nähe der Kathedrale. Schöne Lage für Unternehmungen. Der Preis ist mit ca. 60 € pro Nacht für diese Lage sehr gut.

- Hostería del Laurel: liegt mitten im Barrio Santa Cruz. Gute Lage, preislich liegt es bei ca. 80 € pro Nacht.

- Hotel Amadeus: Liegt ebenfalls im Viertel Santa Cruz. Verspielte Einrichtung und Dachterrasse. Ruhige Lage, da die Gasse sehr schmal ist, sodass kein Auto durchkommt. Preis ca. 80 € pro Nacht.

- Hotel Alminar: Das Hotel befindet sich nahe der Kathedrale. Die Lage ist ruhig, da das Hotel in einer Gasse liegt. Schöne Mischung aus historischer Architektur und moderner Einrichtung, ca. 80 € pro Nacht.

- Hotel Las Casas de la Judería: historisches Hotel mit Charme. Ruhige Lage. Preis über 100 € pro Nacht.

SCHÖNE HOSTELS

Für Städtetrips eignen sich auch Hostels. Die Lage ist oft genauso zentral wie bei Hotels. Wer etwas mehr Privatsphäre möchte, hat meist auch die Möglichkeit, im Hostel Doppelzimmer zu buchen.

• Oasis Backpackers Palace: Schöne, zentrale Unterkunft. Ich habe dort ein Mehrbettzimmer gebucht und war vollkommen zufrieden. Frühstück hatte ich mit inbegriffen. Es war vollkommen ausreichend. Highlight war der Pool auf dem Dach. Gemütlich im Pool baden und dabei ein kühles Getränk. Die Bar hat faire Preise und so kann man die Zeit oben auf der Dachterrasse genießen.

• For You Hostel: Moderne und funktionale Zimmer im Stadtzentrum. Es gibt Schlafsäle und Doppelzimmer. Besonders Paare haben das Hostel gut bewertet.

• Lemon Garden Hostel: Schönes Hostel in der Nähe des Plaza de España. Es bietet einen Pool, tollen Service und am Abend regionales Essen für 5 €.
• Hostal Lis: Kleines, familiäres Hostel, eingerichtet in typisch sevillanischen Stil, wenige Gehminuten

von der Kathedrale entfernt. Das Hostel verfügt über eine Dachterasse.

• Cicerone de Sevilla: Gute Lage, eigenes Bad im Zimmer und das Wichtigste: eine Dachterrasse mit Blick auf Sevilla.

SEHENSWÜRDIGKEITEN, DIE SIE NICHT AUSLASSEN SOLLTEN

Die Kathedrale ist das drittgrößte Gotteshaus der Christenheit. Besonders prächtig ist der Hochaltar und die Seitenkapellen. Bereits 1401 wurde die ursprüngliche Moschee zur Kathedrale umgebaut.

Da der König keine finanziellen Mittel zur Verfügung stellte und man dennoch eine riesige Kathedrale fertigstellen wollte, dauerte der Umbau 125 Jahre. Ich finde es atemberaubend, wie man bereits 1401 schon eine so faszinierende Architektur erbauen bzw. umbauen konnte, ohne die technischen Maschinen, die heutzutage zur Verfügung stehen.

Die La Giralda ist ein 96 hoher Turm. Er ist das ehemalige Minarett der Moschee. Wunderschöner Ausblick zum Fotografieren in etwa 70 m Höhe.

Der Real Alcazar ist eigentlich nicht nur ein Palast, sondern es sind mehrere Paläste. Ich habe den

Alcazar leider nur von außen gesehen, da eine lange Schlange anstand. Tickets unbedingt vorher im Internet kaufen, um die Wartezeit zu sparen!

Barrio ist der Name für Viertel in Spanien. Das Barrio Santa Cruz ist das kleine Aushängeviertel von Sevilla. Wie gemalt wirken die schmalen und engen Gassen. Hier kann man wunderschöne Innenhöfe durch Gitter bestaunen. Trotz vieler Touristen, die durch dieses Viertel schlendern, versprüht das Barrio sehr viel Charme.

Das Museo del Baile Flamenco, das Museum des Flamencotanzes, ist sehr schwierig zu finden, dennoch sollten Sie sich die Mühe machen. Ich habe mich gefühlt zehnmal verlaufen und war dann heilfroh, als ich es endlich gefunden habe. Google Maps hat bei mir leider in den schmalen Gassen nicht funktioniert. Hier finden auch Flamencoshows am Abend statt. Der Parque María Luisa ist im französischen Stil errichtet. Traumhaft schön angelegt. Im südlichen Bereich gibt es ruhigere Ecken, die zum Verweilen einladen. Vermutlich der bekannteste Platz in Spanien ist der Plaza de España und einer der beliebtesten Fotomotive. In der Mitte ist ein Wasserlauf angelegt. Es besteht die Möglichkeit, sich ein Ruderboot zu mieten, um im Wasserlauf zu rudern. Vier Brücken überqueren das Wasser.

Ein großes Gebäude zieht sich über den Platz. Die Treppen und Wandverzierungen sind kunstvoll errichtet. Tagsüber singen und tanzen Einzelmusiker oder kleine Gruppen. Ich habe dort Gänsehautfeeling bekommen, als ein Gitarrist spanische Musik gespielt hat. Abends ist der Platz noch ein wenig romantischer.

Im Plaza de Toros finden Stierkämpfe meist am Sonntagnachmittag statt. Wer sich dafür interessiert, sollte es sich nicht entgehen lassen. Besichtigungen sind täglich möglich.

Das Barrio de Triana ist das authentischste Viertel von Sevilla. Nahe der Altstadt am anderen Ufer des Guadalquivirs liegt dieses Viertel. Bekannt ist es auch für das Flamencolokal „Casa la Anselma".

Der Torre del Oro war früher ein Aussichtsposten. Heute kann dort ein maritimes Museum besucht werden. Man kann nach oben auf die Aussichtsform steigen. Schöner Fotomoment! Die Schifffahrt auf dem Río Guadalquivir dauert ca. 60 Minuten. In der Nähe des Torre del Oro ist die Anlegestelle. Traumhafte Ausblicke sind garantiert. Die Sicht auf Triana ist von Schiff aus wundervoll. Total entspannend, um dem Trubel etwas zu entkommen.

LOKALE

Verschiedene Lokale habe ich in Sevilla schon selbst ausprobiert oder als Tipp von anderen bekommen. Nachfolgend habe ich ein paar meiner Lieblingslokale aufgelistet:

• Die Bodega del Siglo XVIII ist eine Tapas-Bar im andalusisch-maurischen Stil. Die Bodega liegt im Viertel Triana.

• Die Bodega Santa Cruz hat mich absolut überzeugt. Mein Geheimtipp! Kleines Lokal. Touristen und Einheimische sind gerne dort Gast. Leckerer Wein und fantastische Tapas.

• Die Cervecería Giralda ist eine kleine, aber feine Bar. Gute Tapas-Auswahl und super Blick auf die beleuchtete Giralda.

• Das El Rinconcillo ist 350 Jahre alt. Hier gibt es eine große Tapas-Auswahl und die Tapas sind sehr gut.

- La Moderna ist ein kleines Lokal, ein wenig schicker aufgemacht als die meisten in dieser Gegend. Tolle Tapas, Raciones (größere Portionen) und Sandwiches.

GROßARTIGE RESTAURANTS

Das Restaurant Barbiana ist im typisch andalusischen Stil dekoriert. Es gibt traditionelle andalusische Gerichte wie z.B. frischen Fisch aus Sanlúcar de Barrameda.

Das Casa Robles ist etwas teurer, überzeugt dafür durch eine super Lage, da sich das Casa Robles direkt schräg gegenüber der Kathedrale befindet. Wer jetzt denkt, dass es aufgrund der Lage und des Preisniveaus eher ein touristisches Restaurant ist, denkt tatsächlich falsch. Hier halten sich gerne auch die Einheimischen auf. Ich war dort zweimal essen und es war immer sehr lecker. Besonders lecker war das Dessert.

La Albahaca liegt in einer guten und ruhigen Lage im Viertel Santa Cruz. Außergewöhnliche Räumlichkeiten, gutes Essen und netter Service. Sehr empfehlenswert!

Das Restaurant Gaía bietet für Vegetarier eine gute Auswahl. Es gibt auch ein Menü für Kinder. Das

Essen ist überzeugend und auch preislich ist es ok.

Das Río Grande besticht durch eine gute Küche, wunderschöner Ausblick über den Fluss und die Preise sind auch in Ordnung.

SEVILLA BEI NACHT

Sevillas Nachtleben hat einiges zu bieten. Die oftmals kurzen Wege machen es möglich, mehrere Locations an nur einem Abend zu besuchen. Geniale Flamencoshows, hippe und stylische Bars, Kneipen und Discotheken. Hier werde ich ein paar „Must-Visit" Tipps geben.

Die Premier Garden Cocktail Bar hat einen überdachten Terrassenbereich, gemütliche Sessel, tollen Service und gute Cocktails.

The Second Room ist eine sehr moderne und stylische Bar. Genau richtig, um den Abend ausklingen zu lassen.

Im Sala X gibt es Liveauftritte und Getränke zu vernünftigen Preisen. Sala X ist eher etwas abseits vom Zentrum. Getanzt wird überwiegend auf Punk, Jazz, Funk und Soul.

Wenn Sie eine authentische Flamencoshow anschauen möchte, dann sollten Sie das La Carbonería besuchen! Die Show ist umsonst und die Getränkepreise sind absolut in Ordnung. Es gibt hier Tapas zum Essen. Allerdings kann ich das Essen nicht beurteilen, da ich dort nicht gegessen habe. Ich hatte den Eindruck, dass hier sehr viele Touristen und wenige Einheimische sind, was aber mich persönlich nicht gestört hat. Fotografieren ist hier unter der Show nicht erwünscht, wird aber leider von einigen Menschen missachtet. Tipp: Früh hin gehen, um gute Plätze zu bekommen!

Lässige Atmosphäre und tolle Leute trifft man im Urbano Comix. Es gibt die Möglichkeit, Kicker und Billiard zu spielen.

Das La Casa de Flamenco bietet atemberaubende Flamencoshows im Viertel Santa Cruz. Der Eintritt kostet etwa 15 €. Die Atmosphäre ist wundervoll und ich fand es gut, dass man nicht aufgefallen ist, wenn man keine elegante Kleidung trägt. Zu beachten: Ich war damals mit meinem Sohn in der Show. Man muss darauf achten, dass die Kinder mucksmäuschenstill sind. Auch Klatschen während der Show ist nicht erwünscht. Zum Fotografieren gibt es eine Gelegenheit. Diese wird angekündigt.

AUSFLUGSTIPPS IN DER UMGEBUNG VON SEVILLA

Nicht nur Sevilla hat viel zu bieten, sondern auch die Umgebung von Sevilla hat einige Highlights.

Der Freizeitpark Isla Mágica ist für alle Junggebliebenen oder Reisende mit Kindern ein Muss. Der Park wurde erweitert, sodass nicht nur ein Park mit Fahrgeschäften zur Verfügung steht, sondern zusätzlich auch ein Aqua Park. Der Eintritt kostet Aufpreis. Man kann nicht nur den Aqua Park nutzen, da der Wasserpark sich im Freizeitpark befindet.

Carmona ist eine bezaubernde und historische Kleinstadt. Hier können Sie verwinkelte Gässchen, Adelspaläste und die Stadtmauer bestaunen. Auch sehr lohnend ist der Besuch der Kirchen San Pedro und die Prioral de Santa María. Der Bus M124 nach Carmona fährt ab Plaza San Bernado.

> Tipp: Das Restaurant Molino Romera ist ein nettes Restaurant in einer alten Mühle. Zwar ist es etwas am Ortsrand, aber die regionale Küche überzeugt.

El Rocío ist ein kleiner Wallfahrtsort. Durch die größtenteils zweistöckigen Gebäude und die Sandplätze wirkt der Ort wie eine Westernstadt.

Tatsächlich gibt es Pferdekutschen und man kann reiten. Das Innere der Kirche ist wunderschön. Die Lage von El Rocío ist perfekt, um auch den National-park Coto de Doñana zu besuchen. Der Nationalpark wurde 1994 durch die UNESCO zum Weltnaturerbe gekürt. Geführte Jeeptouren können gebucht wer-den. In der Nähe von El Rocío befindet sich Ma-talascañas. Der Strand ist wundervoll.

Es gibt Busverbindungen von Sevilla nach El Rocío. Am besten in Sevilla nachfragen, da Google es teilweise nicht anzeigt. Die Verbindung per Bus von El Rocío nach Matalascañas ist eher schlecht und so sollten Sie, wenn Sie mit dem Bus fahren, eine Über-nachtung in Matalascañas einplanen. Direkt am Strand von Matalascañas liegt der Nationalpark. Es werden geführte Pferde- und Dromedartouren durch den Park Doñana angeboten.

Anfangs wollte ich gerne eine Tour mit Drome-dar unternehmen. Da die Anmeldung aber nur mög-lich ist, wenn man mindestens zu zweit ist, konnte ich leider nicht teilnehmen. Nachdem ich einige Zeit gelaufen bin, entdeckte ich die Pferdetour und es hat spontan eine Person gefehlt. Die Pferdetour hat sich gelohnt. Sie sollten die Tour vielleicht lieber über das Internet im Vorfeld buchen. Aufpassen sollte man jedoch auf die Kamera. Ich hatte meine um Hals gehängt und der Objektivdeckel ist während der Tour abgefallen und im Strauch gelandet. Die Möglichkeit, abzusteigen, besteht nicht und so habe ich nach der Reittour versucht, die Stelle zu finden, um meinen Deckel zu suchen. Tatsächlich hatte ich Glück, denn nachdem ich die Suche schon fast aufgeben wollte, habe ich den Deckel wiedergefunden.

Der Besuch in einer Chiringuito (Strandbar) bietet sich an. Besonders empfehlenswert ist die Chiringuito La Barca. Im Park erreichen Sie auch eine tolle Chiringuito, die zwar recht weit ist, aber der Weg wird mit einer Aussicht belohnt, die es wahrscheinlich so kein zweites Mal gibt. Der Weg dorthin ist etwas steil. Die Chiringuito ist nicht gut ausgeschildert, allerdings findet man diese gut, wenn man der Beschilderung Richtung Chiringuito Heidi Bananas folgt.

Abends lohnt es sich, den Bamboo Beach Club aufzusuchen. Er liegt direkt am Strand. Tolles Ambiente, gute Musik und Stimmung sorgen für eine entspannten Abend. Der romantische Sonnenuntergang lässt sich direkt vom Club aus beobachten. Wenn Sie direkt in Matalascañas übernachten wollen, lohnt sich ein Hotel direkt am Strand. Die Lage des Hotel Flamero ist perfekt für Unternehmungen. Allerdings ist es preislich eher höherwertig. Wer lieber ein bisschen Kosten sparen möchte, findet bestimmt auch relativ strandnah eine gute Alternative.

Es gibt aber auch gute und preiswerte Tagestrips von Sevilla nach El Rocío und in den Nationalpark. Diese werden durch verschiedene Anbieter wie z.B. Tripadvisor oder Get your guide angeboten.

Granada

Die Stadt Granada liegt an der Sierra Nevada und auf der anderen Seite in der Nähe des Mittelmeers. Für Wintersportler, Wassersportler und auch Kulturbegeisterte ist die Stadt ein Muss! Sie zählt nicht umsonst zu den meistbesuchten Städten in Spanien.

Vieles erinnert in dieser wundervollen Stadt an die maurische Besatzung. Schmale und steile Gassen, der Duft von Jasmin, schöne Gärten, zahlreiche Sehenswürdigkeiten und traditionelle Tavernen können bestaunt werden. Es gibt schöne Stadtführungen, bei denen alle wichtigen Sehenswürdigkeiten besucht werden. Je nach Lust und Laune können Sie aber auch einzelne Denkmäler besichtigen. Die

Altstadt von Granada, die Alhambra und der Generalife-Palast wurden von der UNESCO zum Weltkulturerbe erklärt. Der Generalife-Palast war der Sommerpalast der maurischen Herrscher. Er befindet sich
oberhalb der Alhambra.

FEIERTAGE UND FESTE IN GRANADA

Der 2. Januar (Feiertag) ist der Tag der Rückerobe-
rung von Granada (Festividad de la Toma de Gra-
nada). Durch die Straßen von Granada findet eine
Prozession statt. Start ist die Königliche Kapelle.
Dort liegen die katholischen Monarchen begraben.
Die Prozession endet am Balkon des Rathauses.

Das Fest des Heiligen Caecilius findet immer am 1.
Februar statt. Er ist der Schutzpatron von Granada.
Es ist allerdings kein Feiertag. Alle Veranstaltungen
finden am ersten Sonntag des Monats statt. Es gibt
eine Wallfahrt zum Sacromonte. Dort befinden sich
die Katakomben der Schutzheiligen. Eine Messe
wird abgehalten, es wird eine Art Brot mit Bohnen
verteilt, gesungen und getanzt.

Feria von Granada findet abhängig von Ostern im Mai oder Juni statt. Das Feria-Gelände ist abgelegen vom Stadtzentrum. Bunt geschmückt mit verschiedensten Lichtern und Farben, können die Besucher*innen drei unterschiedliche Bereiche kennen: der Vergnügungspark bietet Attraktionen, Musik und Tanzbereich (casetas) und einen Bereich mit Imbissständen. Das Fest beginnt immer mit der Beleuchtungszeremonie, die immer auf Fronleichnam fällt. Während der Feria finden Veranstaltungen und Aktivitäten wie beispielsweise Stierkämpfe und Prozessionen statt.

Das Fest Maikreuze (Cruces de mayo) wird jedes Jahr Anfang Mai gefeiert. Mit Blumen geschmückte Kreuze werden aufgestellt. Männer tragen Smoking. Frauen ziehen sich farbenfrohe Flamencokleider an. Am Kreuztag besucht man sie auf einem Rundgang und genießt Tanz und besten Wein.

Das Frühlingsfest (Fiesta de la primavera) ist ein relativ neues Fest. Besucht wird das Fest eher von der jungen Generation. Es begann als Trinkgelage. Mittlerweile ist es ein organisiertes Fest. Oftmals treffen sich Studenten, um sich ein paar Drinks zu gönnen und danach weiter in die Disko zu gehen.

Fronleichnam ist ein Feiertag und wird in Granada ausgiebig gefeiert. Es findet eine traditionelle Prozession, Theateraufführungen, Show und Konzerte statt.

Im Juni und Juli findet das internationale Musik- und Tanzfestival statt, ein vielseitiges Programm mit Oper, Flamenco, Ballett und anderem.

Fast jeden Monat gibt es in Granada Feste, die gefeiert werden. Religiöse und kulturelle Festlichkeiten bieten die Gelegenheit, verschiedene Bräuche und Traditionen kennenzulernen.

HOTELS

• Palacio de Santa Ines: Schönes Hotel, um zu Fuß die Stadt zu erkunden. Zimmer mit Blick auf die Alhambra sind möglich. Kosten: ca. 95 € pro Nacht.

• Hotel Macia Plaza: Die Lage ist sehr zentral. Der Preis pro Nacht liegt bei ca. 75 €. Laut Bewertungen hat das Hotel ein super Preis-Leistungsverhältnis.

• Leonardo Hotel Granada: Zum Stadtzentrum braucht man zu Fuß ca. 10 Minuten. Gutes Hotel für einen Kurztrip. Mit ca. 60 € pro Nacht unschlagbar günstig für die Lage.

• Granada Five Senses Rooms & Suites: Die meisten Sehenswürdigkeiten sind zu Fuß gut erreichbar. Das Hotel verfügt über einen Fitnessraum, Spa und einen Pool, sodass Sie sich nach der Citytour entspannen können. Der Preis liegt bei ca. 95 €.

• Marquis Urban: Perfekter Ausgangspunkt, um Granada zu erkunden. Die meisten Sehenswürdigkeiten sind fußläufig erreichbar. Eine Bushaltestelle befindet sich direkt beim Hotel. Schönes modern designtes Hotel. Preis für eine Übernachtung ca. 90 €.

SCHÖNE HOSTELS

• Oasis Backpackers' Granada: Zentrale Lage und nettes Ambiente. Man kann hier zwischen verschiedenen Zimmertypen wählen. Es gibt auch Doppelzimmer.

• Hostel Nut: Es gibt Doppelzimmer und auch Mehrbettzimmer.

• Granada Old Town Hostel: Zentrale Lage, dennoch

in einer ruhigen Straße gelegen. Es gibt 4- oder 6-Bett-Zimmer.

• Toc Hostel Granada: Das Hostel liegt direkt im Stadtzentrum und ist somit ein guter Startpunkt, um die Stadt zu erkunden. Hier haben Sie die Wahl zwischen Doppel-, Familien-, und Vierbettzimmern sowie Schlafsälen.

• Lemon Rock Hostel: Ausgezeichnete Lage. Auswahl mehrerer Zimmertypen auch Doppel- oder Zweibettzimmer.

SEHENSWÜRDIGKEITEN, DIE SIE NICHT AUSLASSEN SOLLTEN

Die Alhambra ist ein Schloss auf dem Hügel von Granada. Sie ist eine der bekanntesten Sehenswürdigkeiten in Spanien. Vor langer Zeit wurde die Alhambra durch die Nasrid-Sultane gegründet. Mühelos können Sie hier einen Tag verbringen, denn hier befindet sich nicht nur die Alhambra, sondern auch der Sommerpalast mit romantischen Gärten, die Alcazar Festung sowie der Palast Karl V. Alhambra bedeutet übrigens „roter Palast". Wichtig: Die Alhambra ist oft sehr gut besucht. Deshalb sollten Sie

Ihre Tickets im Voraus über das Internet buchen. Direkt über die Internetseite „gotogranada" gibt es Fast Track Tickets für 46,50 €.

Das Zigeunerviertel Sacromonte ist ein Zigeunerviertel aus dem 15. Jahrhundert. Das Viertel liegt auf dem Hügel und grenzt an das Viertel El Albaicín. Typisch für das Viertel sind die Grottenwohnungen sowie die schmalen und steilen Straßen. Durch die Gitanos und die Roma kann Sacromonte auf eine lange Flamencotradition zurückblicken. Zu besichtigen gibt es ein Museum über die Grottenwohnungen. Die Einwohner widmen sich auch heute noch dem Kunsthandwerk. Es lohnt sich, am Abend eine der fantastischen Flamencoshows anzuschauen.

Das Viertel Albaicín ist das älteste Viertel in Granada. Andalusische Innenhöfe mit vielen Blumentöpfen, überwiegend weiße Häuser, schmale Gässchen und Mauern, die mit Bougainvilleen überwuchert sind, machen dieses Viertel zum Paradies. Hier ist es sehr lebhaft.

Die arabischen Bäder dienten als öffentliche Bäder der maurischen Bevölkerung. In Granada bestehen die arabischen Bäder, wie es üblich ist aus drei Räumen. Diese können kostenlos Dienstag bis Samstag besichtigt werden.

Die Kathedrale von Granada wurde auf Resten

einer Moschee errichtet. Die letzte maurische Bastion in Spanien war Granada. Mit der Rückeroberung Granadas wurde die christliche Rückeroberung abgeschlossen. Auch wenn der Bau der Kathedrale erst Jahrzehnte nach der Rückeroberung begonnen wurde, ist sie dennoch als Siegesmonument zu sehen. Der Grundriss ist gotisch. Durch Wechsel des Architekten wurde auch der Baustil verändert. So wurde auf dem gotischen Grundriss eine Kathedrale im Renaissancestil errichtet. Sie wurde 1561 geweiht, obwohl das Bauwerk noch nicht komplett fertig gestellt war. Erst im Jahr 1704 wurden die Arbeiten komplett fertiggestellt. Der dreiteilige Triumphbogen und die bemerkenswerte Hauptfassade ist das Werk des Architekten, Bildhauers und Malers Alonso Cano aus Granada. Der Eintritt in die Kathedrale kostet 5 €.

Capilla Real ist die königliche Grabkapelle und befindet sich neben der Kathedrale. Prunkgräber, in denen Königspaare begraben sind, können in der Capilla besichtigt werden. Der Eintritt kostet 5 €.

Das Kloster La Cartuja befindet sich am Stadtrand von Granada. Etwa drei Kilometer sind es bis zum Stadtzentrum. Man gelangt mit verschiedenen Bussen dorthin: U1, U2, U3 und N7. Das Kloster vermischt den Barockstil mit Stilelementen der Gotik und der Renaissance. Während die Außenansicht des Klosters sehr schlicht ist, begeistert der Innenraum durch seine wundervolle Verzierung.

Beeindruckende Bildhauereien und Gemälde können in der dazu gehörenden Kirche bestaunt werden. Da dieser Ort ein wenig außerhalb des Stadtzentrums liegt, ist es hier weniger touristisch. Wenn sie einen längeren Aufenthalt in Granada haben, lohnt sich ein Besuch jedoch sehr.

Die Basílica de Juan de Dio wurde im Barockstil erbaut und dem Schutzheiligen der Stadt Granada geweiht. Obwohl die Kirche äußerlich nichts so besonders wirkt, erstrahlt der Innenraum durch verschiedenste Goldtöne, Orgeln, einen üppigen Altar, Malereien und vieles mehr. Die Audiotour inklusive Eintritt kostet 4 € und ist absolut zu empfehlen.

Das Monasterio de Jéronimo wurde 1504 erbaut. Dieses gotische Augustinerkloster ist dem Schutzheiligen Hieronymus von Stridon geweiht. Es befindet sich direkt in Zentrum Granadas, etwa hundert Meter von der Basílica entfernt. Der Eintritt beträgt 4 €.

Ursprünglich war der Markt Alcaicería der ursprüngliche Seidenmarkt der Mauren. Man konnte Gewürze, Seide und andere wertvolle Produkte von arabischen Händlern erwerben. Mittlerweile hat sich der Basar sehr verkleinert. Neben exotischen und interessanten Sachen, die es hier teilweise immer noch zu kaufen gibt, haben sich viele Souvenir- und Stoffläden angesiedelt. Da der Markt sehr lebhaft ist, sollten Sie auf Wertsachen achten.

LOKALE

Wie auch in Sevilla gibt es auch in Granada sehr viele typische Lokale, Weinschänken und Bars. Nachfolgend werde ich einige Lokale empfehlen. Diese habe ich alle selbst besucht und ich finde sie absolut toll.

La Fontana ist eine Weinschänke. Nachmittags können Sie eine Kleinigkeit essen. Abends wird vorwiegend Rock, Hardrock und Blues gespielt. Sehr breit gemischtes Publikum.

Colagallo Craft Beer & Cocktails bietet leckere Tapas und eine große Bierauswahl an. Was will man mehr?

Café Bar Elvira: Viele verschiedene Tapas werden angeboten. Als Besonderheit gibt es einen Crepe vegetal und Pizza vegetal.

Die Lemon Rock Bar ist gemütlich und es spielt hier oft Live Musik. Sehr gemischtes Publikum.

Das El Tabernaculo ist einzigartig. Der Innenraum ist mit religiösen Materialien dekoriert. Sehr authentisch und gute Preise! Auch wenn mir der religiöse Stil etwas befremdlich wirkt, ist das Essen und Trinken lecker und die Stimmung ist super.

GROẞARTIGE RESTAURANTS

Die Taberna La Zarzamora ist ein kleines und lebhaftes Restaurant mit traditionellen Gerichten. La Zarzamora liegt etwas außerhalb des Touristenzentrums. Das Essen ist überzeugend und auch der Preis ist vollkommen in Ordnung.

Das Restaurant Faralá liegt in der Nähe der Alhambra. Es überzeugt durch originelle Gerichte. Essen ist lecker, die Preise sind schon recht hoch.

El Trillo Restaurante ist ein eher kleines Restaurant mit Blick auf die Alhambra. Das Essen ist sehr gut.

Das Atelier Casa de comidas bietet sehr ideenreiches, leckeres Essen an. Absolut empfehlenswert!

Im Restaurante Estrellas de San Nicolás können Sie lecker speisen und den Ausblick auf die Alhambra genießen.

GRANADA BEI NACHT

Casa del Arte überzeugt durch Flamencoshows. Die meisten Darsteller kommen aus Granada. Die Show kann mit oder ohne Essen gebucht werden. Zweimal pro Abend gibt es Aufführungen.

El Templo del Flamenco liegt direkt im Albaicín Viertel. Es eröffnete 2012 und ist eine der größten Flamencohöhlen. Der typische Charakter der Höhle wurde zu erhalten versucht. Geniale Show in einer bezaubernden Umgebung.

Nocta ist eine coole Bar mit Events wie beispielweise Bier-Pong-Turnieren.

Der Efecto Club ist eine großartige Location. Der schöne Innenraum lädt zum Tanzen und Spaß haben ein.

Die Discoteca Fleming ist eine sehr stylische Diskothek mit guter Musik.

Martin's Cocktail Bar ist eine schöne Bar einer guten Cocktailauswahl.

Paripé ist eine sehr stilvoll eingerichtete Bar. Gute Cocktails und Livemusik.

AUSFLUGSTIPPS IN DER UMGEBUNG VON GRANADA

Der Nationalpark Sierra Nevada ist ein beliebtes Ausflugsziel für Wintersportler. Im Sommer vor allem für Wanderer und Mountainbiker interessant. Die Sierra Nevada ist die höchste Bergkette in Spanien.

Las Alpujarras: Von Granada aus sind es ca. 60 km bis zu den Alpujarras. Auch wenn die Entfernung nicht so groß ist, sollte Zeit eingeplant werden, da auf kurvenreichen Bergstraßen gefahren wird. Viele der weißen Dörfer sind denkmalgeschützt und befinden sich an der Alpujarras. Fantastische Landschaften können Sie hier bestaunen!

Der Mulhacén ist mit 3479 m der höchste Berg auf der iberischen Halbinsel. Der Gipfel kann im Sommer bestiegen werden. Der Ausblick auf Andalusien ist genial. Teilweise kann man bei schönen Wetter Afrika sehen. Im Winter sind die Bedingungen sehr hart.

Der Naturpark Sierra de Baza zeigt sich durch vielfältige Kontraste, tolle Landschaften und als ein Ort der Ruhe. Die Sierra de Baza steht im Schatten von Sierra Nevada, Segura y las Villas und Sierras de Cazorla. Für Natur- und Wanderfreunde ein absolutes Muss. Tipp: Der Sendero Cortijo de Casimiro eignet sich gut für Kinder. Die Strecke ist ca. 4 km lang und der Weg ist sehr leicht zu begehen.

Das Landschaftsschutzgebiet Peña Escrita ist ein toller Ausflugsort. Ein Tierpark mit Wölfen, Tigern, Löwen, Büffeln und uvm. befindet sich auf dem Gipfel. Sehr schön zum Wandern. Toller Ausblick.

Der Ort Salobreña liegt an der Mittelmeerküste Costa Tropical. Wunderschöne Strände und angenehme Temperaturen machen den Ort zum perfekten Ausflugsziel. Von Granada aus gibt es Busse, die regelmäßig nach Salobreña verkehren.

Der Kurort Lanjarón bietet Heilwasser und Entspannung für alle, die Ruhe genießen wollen.

Jaén

Jaén liegt etwa 80 km nördlich von Granada und circa 90 km östlich von Córdoba. Sie befindet sich im breiten Tal des Flusses Guadalquivir. Die Stadt ist umgeben von zwei Bergen der La Pandera und Jabalcuz. Dort wachsen zahlreiche Olivenhaine.

Als Welthauptstadt des Olivenöls bezeichnet sich die Provinz, da sie mit ca. 60 Millionen Oliven 20 % der weltweiten Olivenproduktion abdeckt. Nicht nur die Stadt Jaén bietet viele Sehenswürdigkeiten, sondern die komplette Provinz. Es gibt zahlreiche wunderschöne und abwechslungsreiche Nationalparks zu entdecken. Völlig zu Unrecht steht die Stadt Jaén im Schatten von anderen prachtvollen Städten wie beispielsweise Sevilla und Granada. Wenn Sie eine Rundreise planen, bietet es sich an, in Jaén ebenfalls mindestens zwei, besser sogar drei Übernachtungen zu buchen. Ich hatte bei meiner Rundreise nur eine Übernachtung gebucht, da ich dachte, dass es ausreichend ist.

Durch eine Anreise früh am Morgen und die Abreise am nächsten Abend hatte ich fast zwei Tage. Es war aber nicht ausreichend, um gemütlich die Stadt zu anzuschauen und zu genießen. Relativ hektisch ging es zu, da ich über die Semana Santa dort war. Die Prozession ist wunderbar (nicht so voll wie in Sevilla) und auch für nicht strenge Gläubige (wie ich es bin) ein Erlebnis.

FEIERTAGE UND FESTE IN JAÉN

Juni: Im Juni findet das internationale Tanz- und Musikfestival Ciudad de Ùbeda statt. Úbeda liegt ca. 50 Minuten entfernt von Jaén.

Juni/Juli: Das Folk del Mundo findet in Jaén und anderen Orten statt.

Juli: Internationales Festival für Luftkino in der Sierra de Cazorla und Segura y Las Villas.

Juli: BluesCazorla Festival in Cazorla

11. Juni (Feiertag): Der Tag der Schutzheiligen von Jaén (Virgen de la Capilla) wird gefeiert. Eine religiöse Prozession, bei der auch der Bischof der Diözese von Jaén teilnimmt, findet statt. Die Einwohner von Jaén schmücken die Kirchenfassade mit Blumen.

September: Die Feria de la Divina Pastora in Jaén findet statt.

25. November (Feiertag 2020): Tag der Schutzpatronin Heilige Katharina von Alexandria (Santa Catalina).

HOTELS

- Infanta Cristina: Die Altstadt ist zu Fuß erreichbar. In der Nähe befindet sich aber auch eine Bushaltestelle. Das Hotel verfügt über einen Außenpool und einen Fitnessraum. Eine Übernachtung im Doppelzimmer liegt bei ca. 70 €.

- Hotel Condestable Iranzo: Das Hotel liegt an der Hauptstraße von Jaén. Sehenswürdigkeiten wie das Kloster Santa Clara sind in 5 Minuten zu Fuß erreichbar. Eine Dachterrasse ermöglicht einen Panoramablick.

- Parador de Jaén: Die restaurierte Burg befindet sich auf dem Hügel Santa Catalina. Gute Lage und schönes Hotel mit Außenpool. Preis für eine Nacht im Doppelzimmer ca. 110 €.

- Hotel Europa: Direkt in der Innenstadt liegt das moderne Hotel und bietet eine Terrasse mit Ausblick auf die Kathedrale. Um die 70 € kostet die Nacht im Doppelzimmer.

- HO Ciudad de Jaén: Am Stadtrand von Jaén befindet sich das Hotel. Gutes Hotel, wenn Sie ein Auto haben. Trotz Lage an einer Autobahn sehr ruhig. Tennisplätze, Fitnessbereich und Fußballfeld in der Hotelanlage ermöglichen sportliche Aktivität. Eine Nacht im Doppelzimmer kostet ca. 70 €.

SCHÖNE PENSIONEN UND HOSTELS

- Hostal Estación: Direkt beim Bahnhof liegt das Hostal. 15 Minuten Fußweg sind es bis in das Stadtzentrum. Zweibettzimmer kosten etwa 55 € pro Nacht.

- Pensión Carlos V: optimale Lage, um Jaén zu erkunden. Ich war in dieser Unterkunft mit meinem Sohn. Wer keine großen Ansprüche hat, der wird sich in der Unterkunft wohlfühlen. Die Zimmer sind klein, aber es war sauber und ordentlich.

- Albergue Inturjoven Jaén: Super Lage. Verschiedene Zimmertypen möglich. Ein Bett im Dreibettschlafsaal kostet ca. 20 € inkl. Frühstück.
- Pensión Martín: Die Pension befindet sich direkt in der Altstadt. Die Sehenswürdigkeiten sind zu Fuß erreichbar. Eine Nacht kostet ca. 50 € im Doppelzimmer.

- Pensión La Florida 19: Zentrale Lage nur ca. 300 m von der Kathedrale entfernt. Ein Zweibettzimmer liegt bei 46 € pro Nacht.

SEHENSWÜRDIGKEITEN, DIE SIE NICHT AUSLASSEN SOLLTEN

Meine Lieblingssehenswürdigkeit direkt in der Nähe der Stadt Jaén ist die Burg Santa Catalina. Von dort aus haben Sie eine wundervolle Sicht auf die Altstadt sowie auf die neueren, angrenzenden Stadtteile. Von der Stadt Jaén aus ist es möglich, zur Burg hoch zu laufen. Man sollte aber schon ein gewisses Fitnesslevel haben und etwas Zeit einplanen, da der Anstieg zur Burg relativ weit ist.

Mein Sohn und ich sind aus Zeitgründen hochgefahren und runtergelaufen. Im Vergleich zu anderen Sehenswürdigkeiten in Andalusien wie beispielsweise der La Giralda in Sevilla ist die Burg eher ein Geheimtipp, obwohl die Architektur und der wundervolle Ausblick überzeugt. Sie wurde immer wieder baulich verändert, jedoch hat sie dennoch ihre mittelalterliche Optik beibehalten. Die andalusische Geschichte wird im Inneren der Burg erzählt. Der Eintritt kostet 3,50 € pro Person.

Im Restaurant der Burg können Sie essen. Es ist aber auch toll, sich Verpflegung mitzunehmen und unterwegs auf einer Bank eine Rast einzulegen, um die Aussicht zu genießen. Es gibt mehrere Wege, die zur Burg nach oben führen. Einer davon geht durch ein Waldstück an atemberaubender Natur vorbei.

Ein weiteres Highlight ist die Kathedrale in Jaén. Die Kathedrale wurde im Renaissance-Stil errichtet. Das „Schweißtuch der Veronika" wird in der Hauptkapelle als wertvolle Reliquie aufbewahrt. Die Heilige Veronika sollte damit das Antlitz Christus abgewischt haben.17 kleine Kapellen, die mit vielen Bildhauerarbeiten dekoriert sind, sind in den Nebenschiffen der Kathedrale untergebracht. Auch die Sakristei sollten Sie gesehen haben. Ich bin mir nicht sicher, aber ich glaube, der Eintritt war umsonst.

Die Kirche La Magdalena stammt aus dem 15. Jahrhundert und ist die älteste Kirche in Jaén. Sie wurde auf einer ehemaligen Moschee errichtet. Sie wurde im gotischen Stil errichtet. Den Brunnen Raudal de La Magdalena sollten Sie bei Ihrer Besichtigung nicht vergessen. Achtung: Die Kirche kann montags nicht besichtigt werden. Die Arabischen Bäder von Jaén sind im 11. Jahrhundert errichtet worden. Sie befinden sich im Untergeschoss des Palacio de Villardompardo. Vermutlich sind es die größten Bäder, die in Spanien für Besucher zugänglich sind.

Die Räumlichkeiten der Bäder waren im Lauf der Zeit für unterschiedliche Aufgaben dienlich. Ab dem 14. Jahrhundert wurden sie nicht mehr als

Bäder genutzt, sondern sie dienten als Gerberei. Später, zum Ende des 16. Jahrhunderts, baute der Vizekönig von Peru und Graf von Villardompardo seinen Palast über den Bädern.

Zu Beginn des 20. Jahrhunderts wurden sie mit angebauten Gebäuden als Teil eines Frauenhospizes genutzt. Die Arabischen Bäder stehen unter Denkmalschutz. Dienstag bis samstags von 9 bis 22 Uhr, sowie sonntags von 9 bis 15 Uhr haben sie geöffnet. Montags ist geschlossen. Der Eintritt ist frei.

Die Kirche San Juan ist ebenfalls sehenswert. Sie wurde häufig umgestaltet. Die Uhr der Stadt befindet sich auf dem Concejo-Turm, der neben der Kirche ist. Die Glocke, die mit gotischen Schriftzeichen verziert ist, und das Kreuz des Turmes sind berühmt.

LOKALE UND CAFÉS

Da ich Jaén als ruhigere Stadt kennengelernt habe, verzichte ich darauf, „Jaén bei Nacht" extra aufzulisten. Die meisten meiner nachfolgenden Tipps haben bis spät in der Nacht geöffnet und sind zum Feiern geeignet:

- Das Gloria Bendita Gin & Café bietet ein gemütliches Ambiente mit internationaler und nationaler Alternativmusik, Pop und Rock, um den Tag ausklingen zu lassen.

- Im Café La vida fühlt man sich wohl. Es ist ruhig, der Service ist gut und der Kaffee ist super lecker. Ich kann das Café weiterempfehlen.

- Montelado ist ein nettes Café, um morgens den Tag gut zu starten. Bei schönem Wetter können Sie sich im Freien hinsetzen und ein typisch andalusisches Frühstück genießen.

- La Taberna de El Templario bietet im gemütlichen Umfeld gutes Essen und fantastische Weine an.

- Deán Bar: stilvolle Kneipe, die ab Frühjahr bis in den Herbst immer dienstags Terrassenkonzerte anbietet. Genießen Sie ein Stück andalusische Lebensfreude.

- In der Nähe der Kathedrale von Jaén liegt die Bar 82. Die Bar bietet leckeres Essen und gute Getränke an.

GROßARTIGE RESTAURANTS

Das Restaurante Támesis befindet sich im Zentrum von Jaén in der Nähe des Bahnhofes. Hier können Sie im Hinterzimmer romantisch speisen, oder den Trubel im vorderen Teil des Restaurants erleben. Stillvoll eingerichtet, guter Service und ideenreiches, leckeres Essen.

Restaurant Discovery ist ein kleines Restaurant. Viele Einheimische sind dort anzutreffen und so gehe ich davon aus, dass die angebotenen Speisen insgesamt sehr schmackhaft sind. Ich empfehle das Restaurant besonders, wenn Sie Fisch oder Meeresfrüchte verzehren möchte. Ein echter Genuss!

Das Habanegra liegt an einem idyllischen Platz, der mit Orangenbäumen bepflanzt ist. Die Kathedrale ist nur ein paar Meter entfernt. Sehr wohlschmeckendes Essen und kreative Küche. Das Casa Antonio ist ein kleines Restaurant. Es bietet hervorragendes Essen in netter Atmosphäre an. Reservieren Sie am besten vorher.

Durch traditionelle Gerichte, guten Service und fantastisches Essen überzeugt das Restaurante Cipri. Absolut empfehlenswert!

AUSFLÜGE IN DIE PROVINZ JAÉN

Die Burg Yedra in Cazorla thront auf dem höchsten Punkt der Stadt. Im Inneren der Burg kann das Volkstumsmuseum besichtig werden. Von Jaén aus gibt es Busse nach Cazorla.

Die Kirche San Salvador in Úbeda wurde 1536 entworfen. Sie wurde im Stil der Renaissance erbaut. Wenn Sie die Stadt Úbeda besuchen, können Sie auch das Archäologische Museum besuchen. Hier können Sie Funde von Ausgrabungsstätten aus der Zeit der Iberer und Römer anschauen.

Auch zeigt das Museum die Historik von Úbeda und Umgebung. Das Museum ist etwas versteckt, liegt aber direkt in der Altstadt. Die Altstadt von Úbeda sollten Sie bei dieser Gelegenheit nicht verpassen. Sie zählt übrigens zum UNESCO-Weltkulturerbe. Weitere Sehenswürdigkeiten ist der Palacio de las Cadenas, die Kirche San Pedro und der Palacio del Deán Ortega. Tipp: Ende September/Anfang Oktober findet das Fest von San Miguel statt. Es finden Umzüge, Feuerwerk und Flamencoshows statt.

Die Burg von Alcaudete liegt umgeben von zahlreichen Olivenbäumen auf dem Hügel über der Stadt. Erbaut wurde diese in der Zeit der Herrschaft durch die Mauren. Die Burg war früher strategisch enorm wichtig, weshalb sie ständig von Christen und Mauren umkämpft war.

Aber nicht nur die Burg sollten Sie gesehen haben. Auch die Kleinstadt Alcaudete ist einen Besuch wert. Hier erleben Sie den spanischen Alltag hautnah mit. Viele Bewohner leben vom Olivenanbau und der Ölgewinnung. Von der Kirche Santa María Mayor genießen Sie die Aussicht auf Gemüsegärten und Olivenhaine. Gotische Elemente prägen das Gotteshaus. Der Bau dieser Kirche startete vermutlich 1558 und ist erst im 17. Jahrhundert beendet worden.

Die Kleinstadt Baeza befindet sich ca. 50 km von Jaén entfernt. Dort können Sie den Palacio de Jabalquinto und die Kathedrale besichtigen. Der Palacio (Palast) vereint gotische, flämische, barocke Elemente und welche aus der Renaissance. Auf den Mauern eines Tempels der Römer wurde die Kathedrale errichtet. Auch hier werden Stilelemente verbunden, denn das Bauwerk ist im Stil der Renaissance erbaut und durch einen gotischen Turm erweitert worden. Weiterhin sind die alte Fleischerei und der Löwenbrunnen sehenswert.

Der Naturpark Sierras de Cazorla ist für alle Wander- und Naturfreunde ein Muss. Der Naturpark ist das größte Waldgebiet in Spanien. Der Río Guadalquivir entspringt dort. Gebirgslandschaften und tiefe Schluchten zieren die Landschaft.

Desfiladero de Despeñaperros ist eine faszinierende Landschaft, die durch steile Felsen, Höhlen und Schluchten beeindruckt. Der Naturpark befindet sich in der Sierra Morena. Im Park gibt es Kiefern, heimische Pflanzen der Mittelmeerwälder sowie Kork- und Steineichen. Sogar die vom Aussterben bedrohten Luchse leben hier. Der Wasserfall Cascada de Cimbarra liegt ca. 10 km vom Naturpark entfernt. Der Río Guarrizas stürzt dort in einen kleinen See. Das Naturschutzgebiet bietet drei Wanderwege, die an Schluchten, Wasserfälle und Aussichtspunkte vorbeiführen.

Die Sierra de Andújar ist das größte zusammenhängende Waldgebiet der Sierra Morena. Der Naturpark bietet atemberaubende Landschaften. Klare Seen, Bäche, grüne Wiesen und Eichenwälder, wohin man auch sieht. Adler können beobachten werden. Selten zeigt sich ein Uhu. Der Río Jándula und Rumblar beherbergt Otter und kleine Mangusten.

Sierra Mágina wird auch oft als das Herz der Provinz Jaén bezeichnet. Der Name „Mágina" hört sich ein wenig magisch an und so verstecken sich dort einige zauberhafte Kirschgärten, kleine Bergdörfer und sprudelnde Quellen. Der Oleander-Hain, der Wasserfall und der Pinienwald zählen zu den

Highlights des Naturparks. Mehrere Gipfel sind über 2000 m hoch.

Der höchste Berg von Jaén, der Pico de Mágina, befindet sich in der Sierra Mágina mit 2167 m. In der Sierra Mágina sind viele Aktivitäten möglich, wie Mountainbiken, Gleitschirmfliegen, Klettern, Höhlenexkursionen, Ballonfahrten, Reiten, Bergsteigen und Wandern. Kulturfreunde können auch historische Sehenswürdigkeiten besichtigen. Es gibt Höhlen in Pegalajar, Stadtmauern, Festungen und Festungstürme, die besucht werden können. Tipp: Besuchen Sie das kleine Bergdorf Cabra de Santo Cristo. Ein traumhafter Blick auf die Berglandschaft ist garantiert!

Córdoba

Nach Sevilla und Málaga ist Córdoba die drittgrößte Stadt in Andalusien. Viele Touristen reisen Jahr für Jahr an, um die zahlreichen Sehenswürdigkeiten, Feste, Traditionen und die geschichtlichen Hintergründe zu erfahren.

Córdoba wurde durch die römische, westgotische und arabische Bevölkerung geprägt. Sie sollten sich mehrere Tage in Córdoba aufhalten. Bei meiner Reise übernachtete ich nur eine Nacht. Es war in Ordnung, um einen Einblick zu bekommen, aber zu wenig Zeit, um alle Sehenswürdigkeiten, die mich interessieren, zu besuchen.

HOTELS

- Hotel Córdoba Centro: Direkt im alten jüdischen Viertel liegt das Córdoba Centro. Tolle Lage, um auf Sightseeing-Tour zu gehen. Das Doppelzimmer liegt bei ca. 50 €.

- Córdoba Carpe Diem: Das Hotel liegt sehr zentral in der Altstadt. Etwa 400m entfernt befindet sich die Mezquita Kathedrale. Rund um das Carpe Diem ist es lebhaft. Es erwarten Sie Bars und Restaurants. Das Doppelzimmer kostet ca. 70 €.

- Hotel Marisa: Direkt gegenüber der Mezquita Kathedrale liegt das Hotel Marisa. Weitere Sehenswürdigkeiten sind schnell zu Fuß erreichbar. Eine Nacht im Doppelzimmer liegt bei ca. 70 €.

- Hotel Maestre: Mitten in der Altstadt etwa 5 Minuten von der Mezquita Kathedrale entfernt befindet sich das Hotel. Weitere Monumente beispielsweise die Synagoge befinden sich unweit. Eine Nacht im Zweibettzimmer kostet ca. 80 €.

- Macía Alfaros: Im traditionellen andalusischen Gebäude übernachten Sie hier etwa 15 Minuten entfernt von der Mezquita Kathedrale und dem jüdischen Viertel. Ein Außenpool steht zur Verfügung. Ein Doppelzimmer kostet etwa 100 €.

SCHÖNE HOSTELS

- Hostel La Corredera: Direkt im Herzen von Córdoba an der Plaza Corredera liegt das Hostel. Die älteste Bar befindet sich hier. Zahlreiche Sehenswürdigkeiten können innerhalb von 10 Minuten zu Fuß erreicht werden. Das Einzelzimmer mit Gemeinschaftsbad kostet 30 €.

- Backpacker Al-Katre: Nur etwa 100 m entfernt von der Mezquita Kathedral befindet sich das Backpacker Al-Katre. Die Calleja de las Flores ist in 2 Minuten erreichbar. Weitere Sehenswürdigkeiten können bequem erreicht werden. Ein Bett im 6-Bett-Schlafsaal kostet 22 €.

- Hostel La Fuente: Schöne Lage in der Nähe zahlreicher Monumente. Ein traditioneller spanischer Innenhof im La Fuente bietet ein traumhaftes Ambiente. Das Einzelzimmer kostet 30 €.

- Albergue Interjoven Córdoba: Zentral gelegene Jugendherberge in der Nähe der Mezquita Kathedrale. Perfekt, um die Stadt zu erkunden. Das Bett im Schlafsaal liegt bei ca. 35 € pro Nacht.

- Funky Córdoba: Großartige Lage. Das Doppelzimmer liegt bei ca. 45 €.

FEIERTAGE UND FESTE IN CÓRDOBA

Februar/März: Fasching wird in Córdoba besonders gefeiert. Die Karnevalshochburgen sind die Viertel San Lorenzo und San Augustín. Verschiedene Bühnen sind aufgebaut und karnevalistische Darbietungen dienen zur Unterhaltung. Im Theater der Stadt findet ein Wettbewerb, um die besten Büttengesänge zu küren, statt. Abgeschlossen werden die Feierlichkeiten durch einen Umzug mit zahlreichen Festwägen, Sambatänzerinnen, Reitern und vielen mehr.

Mai: Die Blumenschlacht (Batalla de las Flores) findet um 12 Uhr statt. Ungefähr fünfzehn geschmückte Wägen umrunden den Paseo de la Victoria. Frauen in Zigeunerkostümen werfen Nelken. Dies führt zu einer Blumenschlacht.

Anfang Mai: Maikreuz (Cruces de Mayo). In Córdoba finden die bekanntesten Maikreuzfeiern statt. Die einzelnen Viertel kämpfen darum, das schönste Maikreuz zu haben.

Zweite bzw. dritte Woche im Mai: Beim Festival de los Partios Cordobeses sind die Innenhöfe der Stadt geöffnet. Wie in einer anderen Welt sind die Innenhöfe mit einer üppigen Blütenpracht geschmückt. Brunnen plätschern und strahlen unglaubliche Ruhe aus. Jedes Jahr wird der schönste Balkon und das wundervollste dekorierte Fenstergitter gekrönt. Die Innenhöfe in Córdoba könnten die schönsten in Spanien sein. Sie wurden in die Weltkulturerbe- Liste mitaufgenommen. Natürlich dürfen Flamencoklänge und Orangenblütenduft nicht fehlen.

Letzte Woche im Mai: Das Volksfest (Feria de Mayo) ist das bekannteste und größte in Córdoba. Es findet am großen Festplatz El Arenal statt. Erleben Sie atemberaubende Flamencodarbietungen, Höhenfeuerwerke, Trachtendarstellungen und viele weitere Attraktionen.

Juni: Fronleichnam (Corpus Cristi) wird auch in Córdoba ausgiebig gefeiert. Die Fronleichnamsprozession findet statt.

Juli: Das Festival de la Guitarra de Córdoba ist ein Musikfestival.

SEHENSWÜRDIGKEITEN, DIE SIE NICHT AUSLASSEN SOLLTEN

Die Mezquita Kathedrale war früher eine Moschee. Zur römisch-katholischen Kirche wurde sie 1236 geweiht. Das Erscheinungsbild des Baus wurde von zahlreichen Veränderungen geprägt, denn mit jeder Eroberung Córdobas folgten Abänderungen der Architektur. Die Mezquita Kathedrale zählt als eine der größten ehemaligen Moscheebauten der Welt. Der Eintritt kostet 8 € für Erwachsene und 4 € für Kinder. Die Kathedrale ist täglich geöffnet.

Der Alcázar de los Reyes Cristianos wurde im 8. Jahrhundert für den Kalifen von Córdoba als Residenz errichtet. Zunehmende Bedeutung erlangte der Alcázar im Mittelalter, denn acht Jahr lang residierten die katholischen Könige Ferdinand und Isabella. Die Geschichte des Alcázars ist sehr wechselhaft. Das Bauwerk, das eine Mischung von Festung und Palast ist, hatte im Verlauf von Jahrhunderten verschiedene Funktionen. Es wurde nicht nur als Kalifenresidenz genutzt, sondern auch als königlicher Hof. Die Festungsanlage diente als Tribunal und später als Kerker sowie Militär- und Zivilgefängnis. Seit 1931 gilt die Festung als historisches Denkmal. 1984 wurde sie von der UNESCO zum Weltkulturerbe erklärt. Die weitläufigen Gartenanlagen mit Brunnen, Hecken und Wasserspielen sind ein historisches Andenken an die maurische Kunst. Der Eintritt kostet 5 € für Erwachsene und ist für Kinder unter 14 Jahren kostenlos.

Das ehemalige jüdische Viertel (Barrio de la Judería): In der Calle Judíos wirkt alles etwas touristisch. Dennoch zahlt sich ein Besuch im Viertel aus. Die Wände sind mit Blumen geschmückt. Besonders sehenswert ist die Synagoge, die im Mudéjarstil erbaut wurde.

Der Viana Palast (Palacio de Viana) befindet sich im Stadtteil Santa Marina. Besonders beliebt sind die zwölf Innenhöfe des Palastes. Diese sind miteinander verbunden. Geschmückt sind sie mit Brunnen und Pflanzen. Besonders im Frühjahr und Sommer sorgt die Blütenpracht für ein Sinneserlebnis.

Die römische Brücke (Puente Romano) führt über den Guadalquivir in die Altstadt Judería. Der

Bau der Brücke wurde ca. 45 vor Christus begonnen. Die Brücke zählt als eines der größten erhaltenen, römischen Bauwerken in Andalusien. 20 Jahrhunderte lang war die römische Brücke die einzige Brücke in Córdoba. In den Abendstunden ist es wundervoll, über die Brücke zu schlendern. Auf der anderen Seite können Sie direkt am Fluss einen gemütlichen Spaziergang machen. Auch ist direkt am Wasser ein Outdoorsportplatz zu finden.

Der Calahorra-Turm (Torre de la Calahorra) befindet sich in der Nähe römischen Brücke. Er wurde ursprünglich errichtet, um diese zu schützen. Heute beherbergt er das Lebende Museum von Al-Andalus. Für Erwachsene kostet der Eintritt 4,50 €. Kinder sind bis 8 Jahre umsonst.

Die Gasse der Blumen (Calleja de las flores) ist ein beliebter Ort für Touristen. Die enge Gasse ist oft überfüllt. Dennoch ist dieser Ort fantastisch. Hauswände sind mit traumhaften Blumen und Blumentöpfen dekoriert. Dies ist zwar auch in anderen Städten Andalusiens oftmals so, dennoch finde ich, dass die Gasse einen besonderen Charme verbreitet. Am Ende der Gasse hat man eine super Sicht auf die Mezquita Kathedrale. Großartige Fotos sind möglich.

Der Marktplatz Plaza de la Corredera ist aufgrund seiner Form sehr besonders. Als einziger großer Platz in ganz Andalusien ist er quadratisch. Um den Platz herum finden Sie zahlreiche historische Gebäude. Der Platz ist ein beliebter Treffpunkt.

LOKALE

In der Taberna Miguelito können Sie hausgemachten Sangria und Tapas genießen. Gutes und günstiges Essen.

Das La Trinidad liegt an einem schönen Platz. Großartiges Essen und entspannter Flair.

Das Casa Miguel bietet fantastische Cocktails und leckeres Essen an im modernen Ambiente an.

La Posada del Bacalao ist eine Weinstube. Genießen Sie am Abend ein leckeres Gläschen Wein im angenehmen Umfeld

Bar Los Cuatro Gatos: Gemütliche Bar, um sich am Abend ein Bier oder ein Glas Wein zu gönnen.

RESTAURANTS

Das La Fuente 12 befindet sich etwas abseits der Touristenströme. Es bietet sehr schmackhafte Menüs zu fairen Preisen an.

Das Al Grano Arroces y mas liegt am Rande des jüdischen Viertels. Sehr fantasievolles, leckeres

Essen mit südamerikanischen Einflüssen warten auf Sie.

Das El Rincon de Carmen befindet sich direkt im touristischen Viertel. Das Essen ist ein Geschmackserlebnis.

Das El Envero liegt außerhalb der Altstadt im modernen Gebiet von Córdoba. Da hier sehr viele Einheimische essen, ist die Speisekarte auch nicht wie in touristischen Restaurants in Englisch übersetzt worden. Die Kellner geben aber ihr Bestes und versuchen weiterzuhelfen. Das Essen war super lecker.

Das Restaurant Regadera ist sehr modern und schick gestaltet. Das Essen ist der Wahnsinn und der Service ist super.

CÓRDOBA BEI NACHT

Tablao El Cardenal liegt im historischen Zentrum von Córdoba. Die Flamencoshow ist voller Leideschaft, Lebensgefühl und Farbe. Neun Künstler bieten unterschiedliche Flamencostile dar. Der Veranstaltungsort ist einer der landesweiteranerkanntesten Orte für Tablao Flamenco.

Arte y Sabores befindet sich im jüdischen Viertel. Etwa 90 Minuten dauert die Show. Wahlweise können Sie die Show mit Essen oder ohne Essen genießen. Der Veranstaltungsort hat eine über 1000 Jahre alte Geschichte. Untergebracht ist die Show in den arabischen Bädern von Santa María.

Long Rock Bar: Stylische Bar mit teilweise Live Auftritten.

Glam: Genießen Sie ein schönes Ambiente und gute Musik.

La Fuenseca ist eine authentische Bar. Flamencokünstler haben hier Auftritte. Es gibt Gitarrenlivekonzerte und teilweise tritt der Besitzer der Bar auf. Absolut empfehlenswert!

AUSFLÜGE IN DIE PROVINZ CÓRDOBA

Die Stadt Priego de Córdoba ist eines der wichtigsten Ausflugsziele in der Provinz Córdoba. Bekannt ist die Stadt aufgrund einiger Sehenswürdigkeiten, wie beispielsweise der Königsbrunnen, die Königlichen Schlachthöfe, die Burg, der Stadtteil Barrio de Villa und zahlreiche Kirchen.

Die Stadt Cabra befindet sich im südlichen Teil der Provinz Córdoba. Die Stadt ist eingebettet zwischen Obst- und Gemüseplantagen und Olivenhainen. Sie sollten sich den Burgpalast, die

Barockkirchen und die Herrenhäuser nicht entgehen lassen.

Montilla liegt etwa 40 km entfernt von der Stadt Córdoba. Bekannt ist die Stadt für Öl und Wein. Besonders sehenswert sind die Paläste, Kirchen, Klöster und Burgen und die Altstadt.

Der Naturpark Sierra de Cardena y Montoro befindet sich an der Grenze zu Jaén im Nordosten. Er bietet interessante Landschaften wie Canyons und Schluchten, den Río Yegua und hohe Gipfel. Der Naturpark bietet zahlreichen seltenen Tier- und Pflanzenarten Lebensraum. Klettern, Wandern, Reiten, Rafting und Kanufahren sind möglich.

Das Landschaftsbild des Naturpark Sierra de Hornachuelos wird durch ausgedehnte Auenwälder mit Erlen, Pappeln und Eschen, Flüssen, Stauseen und Bächen geprägt. Die Steilwände der Schluchten bieten für Kletterer eine gute Möglichkeit, die Landschaft zu erkunden. Viele sportliche Aktivitäten sind möglich.

Landschaftliche Höhepunkte des Naturpark Sierras Subbéticas sind die steilen Kalksteingebilde und die über 700 Höhlen. Subbéticas begeistert weiterhin mit einer großartigen Flora und Fauna. Möchten Sie etwas erleben, dann sollten Sie unbedingt Klettern, Höhlenwandern, Fallschirmspringen oder

Rafting ausprobieren. Auch Museumsbegeisterte kommen auf ihre Kosten. Ein Museum, das archäologische Funde aus dem Neolithikum ausstellt, kann besichtigt werden.

Tipps für Sparfüchse

Nicht immer ist es nötig, im Urlaub viel Geld auszugeben. Geschickt und mit ein paar Vorinformationen können auch Sparfüchse im Urlaub einiges erleben und Spaß haben. Folgende Tipps sind hilfreich.

NUTZUNG VON BUS, BAHN UND MITFAHRPORTALEN

Die Bahn ist in Andalusien zwischen größeren Städten gut ausgebaut. Die spanische Bahn Renfe bietet insgesamt 8 Bahnlinien. Küstenorte sind oftmals nicht an das Bahnnetz angeschlossen. Einige beliebte Orte wie Nerja, Tarifa (traumhafter Kite-Spot) und Marbella sind auch nicht durch die Bahn erreichbar.

Eine billigere Alternative bieten die Busse. 100 km kosten im Überlandverkehr ungefähr 10 €. Für Fahrten im Nahverkehr werden meist 1 bis 2 € verlangt. Der größte Busanbieter in Spanien ist Alsa. Viele Verbindungen in Andalusien werden durch Alsa abgedeckt. Auch Flixbus bietet einige günstige Verbindungen in Andalusien an. Wenn Sie im Vorfeld buchen, sparen Sie teilweise und können garantiert mitfahren. In den Provinzen Málaga und Cádiz verkehrt das Busunternehmen Los Amarillos.

Portillo verkehrt an der Costa del Sol. TG Comes bietet Verbindungen an der Costa de la Luz und von und nach Sevilla. Ich habe die Busse bei meiner ersten Reise häufig genutzt, da ich mit Kind keine Mitfahrgelegenheit nutzen wollte. Obwohl ich im Vorfeld gehört habe, dass man sich auf die Busse in

Spanien nicht verlassen kann, da oft andere Halte-
stellen angefahren werden und die Busse unpünkt-
lich seien, hat bei unserer Reise alles hervorragend
funktioniert.

Weiterhin ist es auch eine gute Möglichkeit, ein
Mitfahrportal zu nutzen. Auch in Spanien gibt es das
Mitfahrportal Blablacar. Meist verlangen die Fahrer
5 € für 100 km. Beliebte Mitfahrstrecken zwischen
den größeren Städten können häufig gefunden werden. Aber manchmal verstecken sich auch Kurzstre-
cken in verschiedene Küstenregionen oder Klein-
städte. Ich hatte das Glück, dass ich unter anderem
von Huelva nach El Rocío sowie von Cádiz nach Los
Barrios durch Mitfahrgelegenheiten gekommen bin.
Ich kann ebenfalls nichts Negatives berichten. Die
Absprachen waren sehr gut und die Fahrer*innen
waren sehr zuverlässig und nett.

Für mich war es im Nachhinein betrachtet die
beste Entscheidung, keinen Mietwagen zu nutzen, da
es doch wesentlich teurer kommt, und ich finde es
auch nicht in jeder Stadt empfehlenswert. Es verbreitet mehr Stress durch Parkplatzsuche und auch
enge Straßen in den Bergdörfern oder auch in Städten wie beispielsweise in Jaén. Möchten Sie flexibler
Ausflüge unternehmen, hat ein Mietwagen natürlich
Vorteile.

BEI UNTERNEHMUNGEN SPAREN

Die gute Nachricht ist: Sie müssen nicht mal stundenlang im Internet recherchieren, um Angebote zu finden. Oft bietet es sich an, auf Groupon, Getyourguide, Tripadvisor und weiteren Portalen nach Unternehmungen zu suchen und zu vergleichen.

Ich habe zum Beispiel über Getyourguide in Sevilla eine Stadtführung mit Fahrt im Minibus, Eintritt für das Aquarium und eine Schifffahrt auf dem Guadalquivir für unter 30 € bekommen. Normalerweise wären das Aquarium und die Schifffahrt allein schon so teuer gewesen. Manchmal gibt es auch Aktionen, die auf Saftpackungen, Naschsachen oder anderen Produkte zu finden sind, z.B. eine „2 für 1"-Karte, die für bestimmte Freizeitparks, Wasserparks und Zoos gültig ist.

In manchen Städten gibt es auch „Sightseeingskarten". Hier gibt es unterschiedliche Konzepte. Manchmal sind diese im Paket mit einem Ticket für den öffentlichen Nahverkehr, teilweise gibt es Karten, die nur für bestimmte Museen gültig sind, einige Städte haben 24 h Kulturtickets (hier ist meistens auch der Nahverkehr inklusiv).

In Córdoba gibt es ein Bonusarmband für Monumente und Museen. Wenn Sie wissen, dass Sie auf

Ihrer Reise mehrere Museen besuchen möchten, lohnt es sich, das Band zu kaufen. Das Band kostet 12 € und beinhaltet den Eintritt in den Alkazar der christlichen Könige, Kalifale Bäder, Stierkampfmuseum und Museum Julio Romero de Torres.

Sevilla bietet die Sevilla Card für einen Zeitraum von 24, 48, 72 oder 120 Stunden an. Für 24 h kostet die Karte aktuell 51,50 €. Damit Sie die Karte auch möglichst ausnutzen können, ist ein Fast-Track Eintritt für die Kathedrale und den Alcazar inkludiert.

Die Vorteile der Karte:

- Kostenfreier Zutritt zu allen wichtigen Museen und Sehenswürdigkeiten (Kathedrale, Alcazar, Stierkampfarena, etc.)
- Bootsfahrt auf dem Guadalquivir und unbegrenzte Nutzung der Stadtrundfahrtbusse

- Freizeitpark "Isla Mágica" (nur während der Saison)

- Vergünstigungen in den größeren Geschäften, Restaurants und Nachtclubs

- Und viele weitere Vergünstigungen

Für die Stadt Málaga gibt es den Málagapass. Hier haben Sie die Möglichkeit zwischen 24 h für 28€, 48 h für 38€, 72 h für 46€ und 1 Woche für 62€ zu wählen. Es sind alle wichtigen Museen ohne Warteschlange sowie viele Vergünstigungen auf Hotels, Shopping, Restaurants und weitere Rabatte enthalten.

Die Stadt Granada bietet ebenfalls ein Kombiticket für Sehenswürdigkeiten an. Je nachdem, welche Sehenswürdigkeiten Sie besuchen möchten, können Sie ein geeignetes Kombiticket kaufen. Hier lohnt es sich, selbst auf der Seite nachzusehen: http://www.granadatur.com/page/5-que-incluye-la-granada-card/.

Für Almería gibt es ebenfalls eine Vorteilskarte. Diese wird an Gäste der teilnehmenden Hotels verteilt. Hier bekommen Sie Informationen zu Hotels: https://www.turismodealmeria.org/de/bereite-deine-reise-vor/unterkuenfte-almeria-card/#.

Mehr zur Karte: https://www.turismodealmeria.org/wp-content/uploads/2016/04/servicios-almeria-card.pdf

Auch für Cádiz gibt es eine Touristenkarte. Diese ist 7 Tage lang gültig und kostet 22 €. Kostenlose Besuche der Römischen Stätte Casa del Obispo, des Westeros Towers, des Tavira Towers mit der

Camera Obscura, des Oratorium der Heiligen Höhle und der königlichen Kapelle unserer Lieben Frau von Pópulo gibt es dafür. Weiterhin enthält die Karte einige Vergünstigungen und eine kostenlose Fahrt mit dem Touristenbus.

Für die Stadt Jaén und Huelva habe ich keine Kombikarten gefunden. Ich gehe davon aus, dass die Städte keine Touristenkarten anbieten.

KOSTENLOSE KULTUR UND ANDERE UNTERNEHMUNGEN

Der Eintritt einiger Sehenswürdigkeiten ist zu bestimmten Zeiten kostenfrei. Manche Sehenswürdigkeiten sind allgemein umsonst.

Jaén bietet viele Sehenswürdigkeiten, die allgemein kostenfrei besichtigt werden können. Dazu gehören verschiedene Kirchen, die Kathedrale und die arabischen Bäder. Auch gibt es verschiedene Statuen und traumhafte Brunnen zu sehen. Auch die Burg Santa Catalina kann kostenlos mittwochs von 15 bis 18 Uhr besichtigt werden.

In Sevilla gibt es sehr viele Sehenswürdigkeiten, die freien Eintritt gewähren. Die Kathedrale und die Giralda können Montag von 16.30 bis 18 Uhr besichtigt werden. Ein kostenfreies Ticket muss gebucht werden. Auch der Real Alcazar ist zeitweise umsonst. Montags von 18 bis 19 Uhr zwischen April und September. Oktober bis März kann er zwischen 16 und 17 Uhr besucht werden. Der Torre del Oro hat montags von 9.30 bis 18.45 kostenlos geöffnet. Das Casa de Pilatos ist montags zwischen 15 und 19 Uhr kostenfrei. Auch die Stierkampfarena öffnet umsonst immer montags von 15 bis 19 Uhr. Zahlreiche weitere Sehenswürdigkeiten öffnen ihre Tore montags bei freiem Eintritt. Die Internetseite https://www.ruralidays.de/reisen/reisefuehrer/kostenlosen-sehenswuerdigkeiten-in-sevilla/ bietet eine Übersicht.

Die Provinz Almería bietet ebenfalls einige kostenlose Aktivitäten. Der Nationalpark Cabo de Gata kostet nichts. Landschaftlich bietet der Park zahlreiche traumhafte Strände und Felsen. Auch sollten Sie zum Leuchtturm Cabo de Gata fahren. Der Playa de Aguadulce ist ein schöner Sandstrand (nicht feinsandig). Der Besuch ist empfehlenswert! Das Museo de Arte de Almería ist ein Museum ohne Eintritt. Verschiedene lokale Künstler stellen ihre Kunst zur Verfügung. Das Almería Museum ist auch für Leute geeignet, die keine Museumbesucher sind. Besucher erfahren hier mehr über die Kultur der Bronzezeit.

Auch in der Provinz Cádiz können Sie einiges umsonst erleben. In der Tabanco „El Pasaje" in der Stadt Jerez de la Frontera finden kostenfreie Flamencoshows statt. Wollen Sie „El Pasaje" mit mehreren Leuten besuchen, sollten Sie reservieren. Reservierung ist nur möglich, wenn Sie essen möchten. Für gute Stehplätze sollten Sie frühzeitig kommen, da die Tabanco sehr gut besucht ist.

In der Stadt Cádiz ist der zentrale Markt sehenswert. Hier können Sie hindurch schlendern und leckeren frischen Fisch und Meeresfrüchte essen. Der Strand „La Caleta" bietet eine herrliche Gelegenheit, sich direkt in der Stadt am Strand zu entspannen. Weiterhin hat mich der Park Genoves begeistert. Hier können Sie interessante Pflanzen und Bäume, die sehr künstlerisch geschnitten sind, bestaunen. Die Festung Santa Catalina ist ebenso kostenlos. Innen sind verschiedene Ausstellungen. Der Ausblick auf den Atlantik ist wunderschön und auch die Architektur der Festung habe ich als beeindruckend empfunden.

Die Stadt Granada bietet auch einiges für Kulturliebhabende, die etwas auf das Geld achten möchten. Das Alhambra Museum kann kostenlos besucht werden. Zeiten, in denen der Eintritt frei ist: Von **Oktober bis 14. März** mittwochs bis samstags 8:30 bis

18:00 Uhr und sonntags bis dienstags 8:30 bis 15:00 Uhr. Ab **März bis 14. Oktober** mittwochs bis samstags 8:30 bis 20:00 Uhr und sonntags bis dienstags 8:30 bis 14:30 Uhr. „Silla del Moro" (oder auch Castillo de Santa Elena) wurde zum Schutz des Generalife gebaut. Samstags von 10 bis 14 Uhr ist der Eintritt frei. Carmen de la Victoria ist ein Teil der Universität von Granada. Durch schöne Gärten können Sie hier spazieren. Auch die Moschee von Granada ist umsonst zugänglich. Sie müssen sich vorher per E-Mail an info@mezquitadegranada.com anmelden.

Auch die nicht aufgezählten Provinzen haben einiges an kostenlosen Sehenswürdigkeiten zu bieten. Es lohnt sich, geschickt zu planen, beispielsweise Sehenswürdigkeiten in Sevilla am Montag zu besuchen, um Geld zu sparen.

Packliste

Geld & Finanzen

O (evtl.) Auslandswährung
O Bargeld
O Bauchtasche
O Brustbeutel
O Bauchtasche
O EC-Karte
O Kreditkarte
O Notfall-Telefonnummern der Banken
O Portmonee

Hygiene

O Haarbürste / Kamm
O Deo (klein)
O Shampoo
O Kulturtasche
O Sonnencreme

O Taschentücher

O Reise-Zahnbürste und Zahnpasta

O Verhütungsmittel

Kleidung

O Badeklamotten

O Gürtel

O Hosen kurz / lang

O Mütze / Cap / Hut

O Pullover

O Regenjacke

O Schlafanzug

O Socken

O Sonnenbrille

O Sportklamotten / Jogginghose

O T-Shirts

O Unterwäsche

Medikamente

O Blasenpflaster

O Anti-Durchfalltabletten

O Erste-Hilfe-Set

O Fiebertabletten

O Fiebertabletten

O Mückenschutz

O sonstige Medikamente

O Pflaster

O Kopfschmerztabletten

Unterlagen & Papiere

O ADAC Unterlagen

O Adresslisten für Postkarten

O Krankversicherungsnachweis

O Stadtplan

O Führerschein

O Unterlagen für die Unterkunft

O Wasserdichte Hülle für Reiseunterlagen

O Impfausweis

O Mietwagenunterlagen

O Personalausweis

O Reisepass

O Reisetagebuch

O evtl. Studentenausweis
O evtl. Visum
O Zug- / Bahn- / Flugticket

Taschen & Rucksäcke

O Koffer / Trolley / Reisetasche
O Regenhülle für Rucksack
O Rucksack

Schuhe

O Badeschlappen / Hausschuhe
O Schuhe und Wechselschuhe

Sonstiges

O Brille / Kontaktlinsen und Etui
O Buch zum Lesen
O Ohrenstöpsel und Schlafmaske
O Regenschirm
O Reisedecke
O Wasserflasche

O Wörterbuch

Elektronik

O Digitalkamera
O Handy
O Ladekabel
O Kopfhörer
O evtl. Steckdosenadapter
O Power-Bank

Herstellung und Verlag:
BoD – Books on Demand, Norderstedt
ISBN: 9783751989787

1. Auflage
Kontakt: Psiana eCom UG/ Berumer Str. 44/ 26844 Jemgum
Covergestaltung: Fenna Larsson
Coverfoto: depositphotos.com